Gabriela Mistral

Teacher, poet, and diplomat.
Profesora, poeta, y diplómata.

Written and illustrated by, escrita e ilustrada por Denis O'Leary

Golondrina Press
3080 Luff Court
Oxnard, California 93035
(805) 407-1987
www.GolondrinaPress.com

ISBN-13: 979-8-9893037-1-7

"Our books will impower our classrooms and community."
Denis O'Leary, Editor

Gabriela Mistral

1889

Equal rights for girls and women in the 1890's was far behind in the world as well as in the South American country of Chile. Girls and the poor were not expected to go to school and become educated like boys and the rich. Gabriela still fought for an equal education for all and for barriers to be taken down in the name of justice. But first, Gabriela had to learn her own lessons. To start, her name hadn't become Gabriela yet, it was Lucila.

Lucila Godoy y Alcayaga was born on Sunday, April 7, 1889 in Monte Grande, Vicuña, Chile.

La igualdad de derechos para las niñas y las mujeres en la década de 1890 estaba muy rezagada tanto en el mundo como en el país sudamericano de Chile. No se esperaba que las niñas y los pobres fueran a la escuela y se educaran como los niños y los ricos. Gabriela todavía luchó por una educación igualitaria para todos y para que se derribaran las barreras en nombre de la justicia. Pero primero, Gabriela tuvo que aprender sus propias lecciones. Para empezar, su nombre aún no se había convertido en Gabriela, era Lucila.

Lucila Godoy y Alcayaga nació el domingo 7 de abril de 1889 en Monte Grande, Vicuña, Chile.

1892

Her mother was a seamstress. She sawed beautiful dresses for the family and village. Lucila's father was a teacher. He left the family when Lucila was only three years old. When he left, Lucila's step-sister Emelina, who was fifteen years older became a teacher and supported their mother and her.

Su madre era costurera. Cortó hermosos vestidos para la familia y el pueblo. El padre de Lucila era profesor. Dejó a la familia cuando Lucila tenía solo tres años. Cuando se fue, la hermanastra de Lucila, Emelina, que tenía quince años más, se recibió de profesora y mantuvo a su madre y a ella.

1898

Sitting in bed with the light of a candle to the side, Lucila traveled the world and crossed through time. In the shade of trees, she explored emotions with the poetry she loved. The nine-year-old girl could do anything she set out to do.

Aprender a leer fue el momento de felicidad de Lucila en la infancia. Sentada en la cama con la luz de una vela a un lado, Lucila viajó por el mundo y atravesó el tiempo. A la sombra de los árboles, exploró la emoción con la poesía que amaba. La niña de nueve años podría hacer cualquier cosa que se propusiera.

Lucila was a girl in the desert at the foot of the Andes Mountains, in northern Chile. Airplanes hadn't flown yet in the 1890's. The poor could not rise, and girls were not expected to change the world. But, Lucila knew better from her books.

Lucila era una niña en el desierto al pie de la Cordillera de los Andes, en el norte de Chile. Los aviones aún no volavaban en la década de 1890. Los pobres no podían crecer y no se esperaba que las niñas cambiaran el mundo. Pero, Lucila sabía mejor por sus libros.

1900

Lucila was happy in school and was a very good student.

When Lucila was eleven years old, she was falsely accused of stealing school supplies. She was teased by her classmates. A poor girl without a father in her home was not expected to do much. Sadly, she left school forever.

Lucila era feliz en la escuela y era una muy buena alumna.

Cuando Lucila tenía once años fue acusada falsamente de robar materiales escolares. Sus compañeros de clase se burlaron de ella. No se esperaba que una niña pobre, sin un padre en su casa hiciera mucho. Lamentablemente, ella dejó la escuela para siempre.

Lucila loved reading and continued to learn about the world through the books she could get from her sister and the library. She could imagine the adventures she read, the emotions painted in the words, and the future she could live.

A Lucila le encantaba leer y continuó aprendiendo sobre el mundo a través de los libros que podía conseguir de su hermana y de la biblioteca. Podía imaginar las aventuras que leía, las emociones pintadas en las palabras y el futuro que podría vivir.

1902

Lucila wrote her first poems at the age of thirteen. Words with color, happiness and childhood dreams.

Lucila escribió sus primeros poemas a los trece años. Palabras con color, alegría y sueños de infancia.

1903

At fourteen years of age, Lucila became a teacher's aide at a small school near La Serena, Chile.

Lucila continued to write. Her poems were good and soon they were published in the local newspapers for others to enjoy.

A los catorce años, Lucila se convirtió en asistente de profesora en una pequeña escuela cerca de La Serena, Chile.

Lucila siguió escribiendo. Sus poemas eran buenos y pronto se publicaron en los periódicos locales para que otros los disfrutaran.

1909

Lucila decided that she wanted to go to school to study to become a teacher. She was denied entry to the university because some of her poems were claimed to be socialist.

In 1909, she lost her boyfriend Romelio. Because of this, she started to write of life and loss with her Sonnets of Death.

> "From the icy niche where men placed you
> I lower your body to the sunny, poor earth.
> They didn't know I too must sleep in it
> And dream on the same pillow."

Gabriela Mistral

Lucila decidió que quería ir a la escuela a estudiar para ser profesora. Se le negó la entrada a la universidad porque se decía que algunos de sus poemas eran socialistas.

En 1909 perdió a su novio Romelio. Debido a esto, comenzó a escribir sobre la vida y la pérdida con sus Sonetos de la muerte.

> "Desde el nicho helado donde los hombres te colocaron
> Bajo tu cuerpo a la soleada y pobre ticrra.
> Ellos no sabian que yo también debo dormir en él.
> Y sueña en la misma almohada."

Gabriela Mistral

1910

In 1910, Lucila Godoy took an equiveillance exam in the capital city of Santiago, Chile to become a teacher.

Lucila became an elementary school teacher. Though she had no formal education, only having been self-taught with her books, she was known as a caring and excellent teacher.

En 1910, Lucila Godoy tomó un examen de equivalencia en la ciudad de Santiago, Chile para convertirse en profesora.

Lucila se recibió de profesora de escuela primaria. Aunque no tenía educación formal, solo habiendo sido autodidacta con sus libros, se la conocía como una profesora excelente y solidaria.

Gabriel d'nuncio

Frederic Mistral

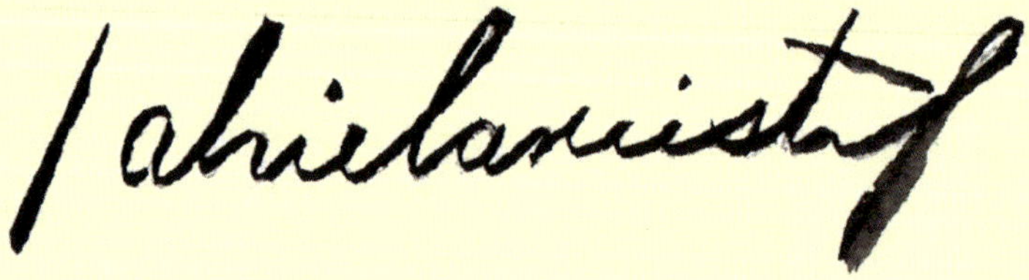

Her favorite poets that inspired her were Gabriel d'nuncio and Frederic Mistral. She combined the two names to call herself Gabriela Mistral.

In 1914 Gabriela won the literary contest "Juegos Florales" or "Flower Games" in Santiago for her Sonnets of Death poems. These poems would be published in New York City in 1922 in her first book "Desolación Poemas."

Sus poetas favoritos que la inspiraron fueron Gabriel d'nuncio y Frederic Mistral. Combinó los dos nombres para llamarse a sí misma Gabriela Mistral.

En 1914 Gabriela ganó el concurso literario "Juegos Florales" en Santiago por sus poemas Sonetos de la Muerte. Estos poemas serían publicados en la ciudad de Nueva York en 1922 en su primer libro "Poemas Desolación."

Gabriela became very well known for her wonderful words, for her wonderful poems. Sad at times, her reflecting of her losses. Joyous at times, reflecting on childhood as well as motherhood.

GIVE ME YOUR HAND

Give me your hand and give me your love,
give me your hand and dance with me.
A single flower, and nothing more,
a single flower is all we'll be.

Keeping time in the dance together,
singing the tune together with me,
grass in the wind, and nothing more,
grass in the wind is all we'll be.

I'm called Hope and you're called Rose;
but losing our names we'll both go free,
a dance on the hills, and nothing more,
a dance on the hills is all we'll be.

Gabriela se hizo muy conocida por sus maravillosas palabras, por sus maravillosos poemas. Triste a veces, ella refleja sus pérdidas. A veces alegre, reflexionando sobre la infancia y la maternidad.

DAME LA MANO

Dame la mano y danzaremos;
dame la mano y me amarás.
Como una sola flor seremos,
como una flor, y nada más.

El mismo verso cantaremos,
al mismo paso bailarás.
Como una espiga ondularemos,
como una espiga, y nada más.

Te llamas Rosa y yo Esperanza;
pero tu nombre olvidarás,
porque seremos una danza
en la colina, y nada más.

1920

For the next fifteen years Gabriela Mistral was a teacher in over a dozen cities in Chile.

While teaching at a girls' school in the city of Temuco, Gabriela Mistral befriended a young poet who caught her attention and she encouraged him to continue writing. That teenager was Ricardo Eliécer Neftalí Reyes Basoalto and he later changed his pen name to Pablo Neruda. Pablo would become a world famous and Noble Prize celebrated poet as well.

Durante los siguientes quince años Gabriela Mistral fue profesora en más de una docena de ciudades de Chile.

Mientras enseñaba en un colegio de niñas de la ciudad de Temuco, Gabriela Mistral se hizo amiga de un joven poeta que le llamó la atención y lo animó a seguir escribiendo. Ese adolescente se llamaba Ricardo Eliécer Neftalí Reyes Basoalto quien luego adoptó el pseudónimo de Pablo Neruda. Pablo se convertiría también en un poeta mundialmente famoso y célebre, Premio Nobel.

1922

Gabriela always believed that all children had a right to a proper education. She also fought for women's rights in a time and world that often did not.

Because of Gabriela's beliefs, she was invited to Mexico in 1922 to help in an educational reform project. She advocated for equality for all children in education in Mexico. The poor should have the same benefits of a good education as the rich. Girls should have the same expectations as boys.

Gabriela siempre creyó que todos los niños tenían derecho a una educación adecuada. También luchó por los derechos de la mujer en una época y un mundo que a menudo no lo hacían.

Debido a las creencias de Gabriela, fue invitada a México en 1922 para ayudar en un proyecto de reforma educativa. Abogó por la igualdad de todos los niños en la educación en México. Los pobres deberían tener los mismos beneficios de una buena educación que los ricos. Las niñas deben tener las mismas expectativas que los niños.

Gabriela Mistral became a diplomat for Chile after her experience in Mexico. The once little girl who dreamed of the world now traveled the seas and flew in the air to many parts of South America, Central America, Mexico, Puerto Rico, the United States of America and Europe. She spoke to people about the rights of children, rich and poor, boys and girls to have a good education and equal opportunities in life.

Gabriela Mistral se convirtió en diplomática de Chile luego de su experiencia en México. La niña que alguna vez soñó con el mundo ahora viajaba por los mares y volaba por el aire a muchas partes de América del Sur, América Central, México, Puerto Rico, los Estados Unidos de América y Europa. Habló con la gente sobre los derechos de los niños, ricos y pobres, niños y niñas a tener una buena educación e igualdad de oportunidades en la vida.

1943

Life was good and Gabriela traveled the world while she wrote and spoke about a better world. She suffered another sad loss when her nephew, Yiyi who she cared for as a son, died.

La vida era buena y Gabriela viajaba por el mundo mientras escribía y hablaba sobre un mundo mejor. Sufrió otra triste pérdida cuando su sobrino, Yiyi, a quien cuidaba como si fuera su hijo, murió.

1945

In 1945, while serving in the Chilean Consulate in Petropolis, Brazil, she was told that she would be awarded the Nobel Prize in Literature for her beautiful poetry. She was the first woman and first Latin American writer to be recognized with the Nobel Prize.

En 1945, mientras trabajaba en el Consulado de Chile en Petrópolis, Brasil, le dijeron que recibiría el Premio Nobel de Literatura por su hermosa poesía. Fue la primera mujer y la primera escritora latinoamericana en ser reconocida con el Premio Nobel.

1946

In 1946, the United Nations asked Gabriela to collect funds to help poor children in the world. This helped found the United Nations International Children's Emergency Fund, or UNICEF.

A delegate of the United Nations, Gabriela was asked to gather support for children's rights and soon became a founding member of UNICEF.

En 1946, Las Naciones Unidas le pidió a Gabriela que recaudara fondos para ayudar a los niños pobres del mundo. Esto ayudó a fundar el Fondo Internacional de Emergencia para la Infancia de las Naciones Unidas, o UNICEF.

Delegada de las Naciones Unida, a Gabriela se le pidió que reuniera apoyo para los derechos del niño y pronto se convirtió en miembro fundador de UNICEF.

Little feet

A child's tiny feet,
Blue, blue with cold,
How can they see and not protect you?
My God!

Tiny wounded feet,
Bruised all over by pebbles,
Abused by snow and soil!

Man, being blind, ignores
that where you step, you leave
A blossom of bright light,
that where you have placed
your bleeding little soles
a redolent tuberose grows.

Since, however, you walk
through the streets so straight,
you are courageous, without fault.
Child's tiny feet,
Two suffering little gems,
How can the people pass, unseeing.

Gabriela Mistral

Piececitos

Piececitos de niño,
azulosos de frío,
¡cómo os ven y no os cubren,
¡Dios mío!

¡Piececitos heridos
por los guijarros todos,
ultrajados de nieves
y lodos!

El hombre ciego ignora
que por donde pasáis,
una flor de luz viva
dejaís;

que allí donde ponéis
la plantita sangrante,
el nardo nace más
fragrante.

Sed, puesto que macháis
por los caminos rectos,
heróicos como sois
perfectos.

Piececitos de niño,
dos joyitas sufrientes,
¡cómo pasan sin veros
las gentes!

por Gabriela Mistral

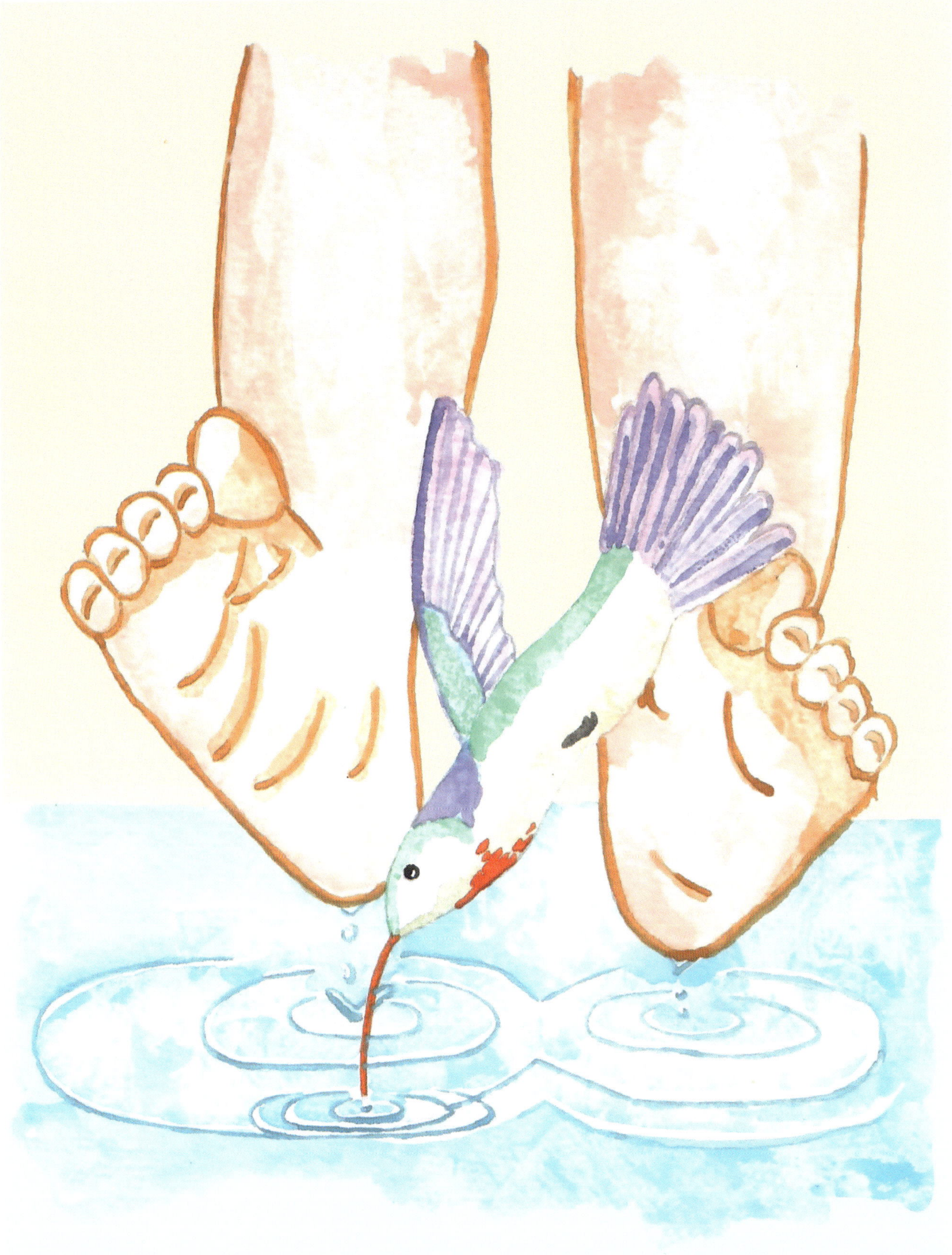

1956

In 1951 Gabriela Mistral received the Chilean National Literary Award.

In 1953 she moved to New York, where she was named the Consul General of Chile. Columbia University bestowed upon her the Honorary Degree of Doctor in Letters.

En 1951 Gabriela Mistral recibió el Premio Nacional de Literatura de Chile.

En 1953 se trasladó a Nueva York, donde fue nombrada Cónsul General de Chile. La Universidad de Columbia le otorgó el título honorario de Doctora en Letras.

1889
1957

Gabriela's last journey to Chile was in 1956, but her poor health stopped her from attending all the events the country wanted to provide her with.

Returning to the United States, she attended the Pan American Conference in Washington, D.C. where she was the guest of honor.

Though Gabriela fought for the rights of motherhood and children, especially those who were indigenous or disenfranchised, Mistral never married nor had children.

She died on January 10, 1957. Shortly before her passing, she wrote a will stating that the children of Monte Grande, Vicuña, Chile would be the sole beneficiary of her writings.

El último viaje de Gabriela a Chile fue en 1956, pero su mala salud le impidió asistir a todos los eventos que el país quería brindarle.

De regreso a los Estados Unidos, asistió a la Conferencia Panamericana en Washington, D.C., donde fue invitada de honor.

Aunque Gabriela luchó por los derechos de la maternidad y los niños, especialmente los indígenas o privados de sus derechos, Mistral nunca se casó ni tuvo hijos.

Murió el 10 de enero de 1957. Poco antes de su fallecimiento, redactó un testamento en el que declaraba que los hijos de Monte Grande, Vicuña, Chile serían los únicos beneficiarios de sus escritos.

Gabriela Mistral is remembered by many today for her life, thoughts, words and poems. She was a teacher, poet and diplomat who said that all children had the right to succeed.

"We are guilty of many errors and many faults,
but our worst crime is abandoning the children,
neglecting the fountain of life.
The child cannot.
Right now, is the time his bones are being formed,
his blood is being made,
and his senses are being developed.
To him we cannot answer 'Tomorrow,'
his name is 'Today'."

Gabriela Mistral

Gabriela Mistral es recordada por muchos hoy por su vida, pensamientos, palabras y poemas. Fue maestra, poeta y diplomática que dijo que todos los niños tienen derecho a triunfar.

"Somos culpables de muchos errores y muchas faltas,
Pero nuestro peor crimen es abandonar a los niños,
Olvidando la fuente de vida.
Muchas de las cosas que necesitamos pueden esperar.
Los Niños no.
Justo ahora es el momento en que sus huesos se están formando,
Su sangre se está elaborando
Y sus sentidos siendo desarrollados.
A él no podemos responder 'Mañana'.
Su nombre es 'Hoy'."

Gabriela Mistral

CHILE
SOUTH AMERICA
BRAZIL
Vicuña
Santiago
Temuco
Punta Arenas
Petropolis

Garden Street, Children's Park in Santa Barbara, California, USA.

Printed in Great Britain
by Amazon

44576366R00032